도서관

인사이트 종로 03

도서관

사람, 문화, 마을을 잇다

초판 1쇄 인쇄 2021년 6월 1일
초판 1쇄 발행 2021년 6월 10일

기획 종로구청
엮은이 콘텐츠하다
펴낸곳 콘텐츠하다
주소 서울시 영등포구 선유로49길 23, 2차 IS비즈타워 613호
전화번호 070-8987-2949
홈페이지 www.contentshada.com

인사이트 종로 03

도서관

사람, 문화, 마을을 잇다

콘텐츠하다 엮음

콘텐츠하다 　종로구

종로, 전통과 현대 가치의 창조적 융합도시

시간의 지배자인 조선 왕의 권위를 상징했던 보신각 종. 그러한 종이 있는 거리라는 뜻의 '종로鐘路'에서 이름을 따온 종로구는 대한민국 심장부에 위치하며 조선 시대 이후 정치·경제·문화·행정의 최중심으로 기능해왔습니다. 도심 속에 우뚝 선 인왕산과 북악산 아래 궁중 문화의 진수이자 조선의 정궁인 경복궁이 고층 빌딩들과 함께 조화를 이루는 곳. 날렵한 기와지붕의 곡선과 서구식 건물의 직선이 교차하고 최첨단 쇼핑가와 전통시장이 공존하는 곳. 이렇듯 그 어느 지역보다 전통과 현대가 어우러진 곳이 바로 종로구로, 우리가 특별히 관심을 가져야 하는 이유도 여기에 있습니다.

종로구는 발전과 개발이라는 미명 아래 우리 고유의 멋과 문화를 잃지 않도록 전통 가치의 현대적 계승과 창조적 융합에 관심을 기울여왔습니다. 종로구의 가치를 서울 시민과 내·외국인들에게 내보이는 일은 우리의 문화 전통을 이어가는 길이자 이곳에 사는 주민들의 자부심을 높이는 것이라고 여겼기 때문입니다.

우리 선조의 멋과 생활의 지혜가 담긴 한옥, 집을 나서면 제일 먼저 만나는 보도와 계단, 지식과 문화를 기반으로 활발한 소통이 이루어지는 도서관 등은 종로구가 보존하고 개선·계승하려는 좋은 가치들입니다. 이처럼 좋은 사업을 체계적으로 지속한다면 또 다른 전통으로 자리 잡게 될 것입니다.

종로구의 가치를 실현한 대표 사례들을 모아 '인사이트 종로' 시리즈로 엮었습니다. 누군가 종로구와 비슷한 고민에 맞닥뜨렸을 때 이 책들이 작은 힌트나 영감이 되어주리라 기대해봅니다.

'인사이트 종로'를 통해 '사람 중심 명품도시'를 꿈꾸는 종로의 바람이 많은 사람에게 전해지기를 희망합니다.

1부

지역문화의 거점,
평생교육의 현장

마이크로소프트MS 창업자 빌 게이츠Bill Gates, 1955~는 말했습니다.

"지금의 나를 만든 것은 하버드 대학교도 아니고 미국이라는 나라도 아니고 내 어머니도 아니다. 내가 살던 마을의 작은 공립 도서관이 오늘의 나를 만들었다."

성공한 사람들은 너나없이 이처럼 독서의 중요성을 강조했고 도서관에서 꿈을 키웠습니다. 근대 도서관 사상의 시조 프랑스의 가브리엘 노데Gabriel Naudé, 1600~1653는 그의 책 《도서관 설립법Advice on Establishing a Library》에서 이렇게 말했습니다.

"도서관은 모든 민중의 문화적인 세습재산을 보존하는 전 인류의 시설이며, 전 인류의 지식의 보고이다."

17세기 공공도서관의 개념을 정립시킨 가브리엘 노데로부터 모든 사람들에게 개방되어 자유롭게 이용하는 공공도서관의 역사가 시작되었습니다.

1

독서와 공공도서관의 중요성

삶의 지혜와 기술을 배우는 독서의 힘

책은 상품을 넘어 인류의 문화자산을 축적하고 알리는 공공재로서의 역할을 수행합니다. '사람은 책을 만들고, 책은 사람을 만든다'는 말처럼 책은 우리에게 유·무형의 많은 영향을 미칩니다. 책 속에 든 '금과옥조金科玉條'를 들먹이지 않더라도, 책이 주는 감흥은 아주 큽니다.

'모든 책은 이용하기 위한 것이다.'

'모든 독자는 자신이 필요로 하는 책이 있다.'

'모든 책은 그것을 필요로 하는 독자가 있다.'

책과 독자의 상관관계를 학문적으로 정의한 이 말은 수학자이자 세계적인 도서관학자인 인도의 랑가나단S. R. Ranganathan, 1892~1972 박사가 1931년 출간한 《도서관학 5법칙Five Laws of Library Science》 중의 핵심 세 가지 내용입니다.

당나라 시인 두보杜甫, 712~770는 자신의 시 〈제백학사모옥題柏學士茅屋〉에서 '사람은 모름지기 다섯 수레 분량의 책을 읽어야 한다'는 뜻의 '남아수독오거서男兒須讀伍車書'라는 말로 독서의 중요성을 설파했습니다. 다방면의 정보와 지식을 얻기 위해 다독多讀을 권장하는 이 말은 어떠한 상황에 처하더라도 독서를 게을리 하지 말라는 경계의 소리이기도 합니다.

이처럼 동서고금을 막론하고 독서를 권장하는 이유는 하나입니다. 독서로 얻은 간접 경험은 삶의 위기를 지혜롭게 헤쳐 나가는 나침반이자 지혜의 샘이기 때문입니다.

세상을 바꾸는 아이디어는 독서에서 나옵니다. 삶을 윤택하게 하는 기술의 습득과 위기를 기회로 바꾸는 발상의 전환 모두 독서에서부터 시작된다고 해도 과언이 아닙니다. 변화는 과거로부터 이어진 지식과 현재까지 축적된 시도들이 서로 어우러지는 순간에 일어납니다.

혁신의 아이콘인 스티브 잡스Steve Jobs, 1955~2011가 '애플'의 가치는 인문학과 기술의 교차점에 있다고 한 말은 의미심장합니다. 소크라테스Socrates, B.C. 470~B.C. 399와 한나절을 보낼 수 있다면 애플이 가진 모든 기술을 내놓겠다고 공언한 그는 변혁의 핵심이 옛 선인들의 지혜에 있음을 알아차렸습니다. 독서는 이를 획득할 수 있는 가장 효율적이고 건강한 방법입니다. 노벨상 수상자들 대부분이 어린 시절 엄청난 독서가였다는 사실 또한 결코 우연이 아닙니다.

책을 읽는 행위는 취미와 같은 특별한 시간 보내기가 아닙니다. 독서는 시간과 장소를 구분하지 않는 생활의 일부여야 합니다. 책은 지식을 전달하는 역할을 하지만 단순한 지식의 습득 차원을 넘어 우리에게 지혜를 선사합니다. 지혜는 세상의 어려움을 극복할 기술이자 노하우입니다. 따라서 책을 통해 지혜를 얻는 것은 오랜 세월 동안 먼 길을 함께 걸어갈 마음 맞는 길동무를 얻는 것입니다. 반면 책을 읽지 않는다면 합리와 효율, 건강과 질적인 측면에서 삶의 중요한 부분을 놓친다고 할 수 있습니다.

지혜는 책 몇 권을 읽었다고 해서 얻어지는 산물이 아닙니다. 끊임없이 책을 읽어야만 책 속의 지혜를 자신의 것으로 만들 수 있습니다. 하지만 책을 많이 읽는 사람들은 책에서 지혜를 얻는다고 생각하지 않습니다. 책을 즐기다 보면 어느 순간 지혜가 자신의 행동과 의식 체계 안으로 스며들어 있는 것을 발견하게 됩니다.

아무리 활동적이고 지적 수준이 높은 사람이라 하더라도 한 개인이 세상의 모든 것을 경험할 수는 없습니다. 모든 경험을 할 수 없다면 책을 통해서 지식을 얻어야 합니다. 독서가 풍요로운 삶의 기반이 된다는 것은 상식으로 통합니다.

'책은 만인의 것'이라는 공공도서관의 정신

이러한 독서 활동의 생활화를 위해 만들어진 공간이 도서관입니다. 도서관을 글자 그대로 풀이하면, 도서를 모아둔 건물입니다. '도서'란 원래 '하도락서河圖洛書'를 줄인 말로 《역경易經》의 〈계사전繫辭傳〉에 나오는 "하출도 낙출서 성인측지河出圖 洛出書 聖人則之"에서 온 말이라고 합니다.

여기서 '하출도'란 옛날 중국 복희씨 때에 황하에서 용마가 지고 나왔다는 55점의 그림을 의미하고, '낙출서'는 하나라 우

왕이 황하의 범람을 다스릴 때에 낙수에서 나온 거북이 등에
있었다는 45개의 점을 의미합니다. 이 말이 '하도락서'로 축약
되고, 다시 도서로 사용하게 되었던 것입니다.

동양에서 도서의 개념은 그림이나 글씨를 비롯한 기록에서
시작되었고, 서양에서는 기록을 실은 재료(나무껍질, 파피루스 따
위) 물질의 이름에서 유래해 자료라는 개념이 생겼습니다.

도서관을 자료나 도서를 모아서 보관하는 장소로 생각하면,
그 기원은 문명의 발상과 거의 맞먹을 정도로 오래되었습니다.

세계 최초의 도서관은 기원전 7세기 무렵 고대 아시리아의
아슈르바니팔Ashurbanipal, B.C. 685~B.C. 627 왕이 니네베에 세운 도
서관으로 알려져 있습니다. 역사·천문·의학 등 다양한 지식을
점토판에 새겨 보관했는데, 오늘날까지 약 3만 5,000여 장의
점토판이 발굴되었습니다. 이 점토판 중에는 길가메시Gilgamesh
의 영웅담을 적은 서사시도 있었습니다.

고대 이집트 유적에서도 이집트 문자를 새긴 점토판이 많이
발견되는데, 람세스 3세Ramesses III, ?~B.C. 1154의 궁전에는 '영혼

의 쉼터'라는 도서관이 있었다는 기록이 전해집니다. 특히 기원전 3~4세기경 프톨레마이오스 왕조가 세운 알렉산드리아 도서관에는 약 80만 권의 장서가 있었는데 이는 세계 최대 규모라고 합니다. 이 무렵의 도서는 나일강 유역에서 자라는 파피루스라는 식물을 종이처럼 다져서 만들었습니다. 이보다 조금 늦게 세워진 소아시아의 페르가몬 도서관도 알렉산드리아 도서관에 버금가는 규모였다고 합니다. 소아시아에서는 파피루스가 생산되지 않고 이집트가 파피루스 수출을 금지했던 까닭에 페르가몬 도서관은 양피로 된 도서를 소장했다고 합니다.

고대 이집트의 도서관에서부터 근·현대 도서관에 이르기까지 인류의 지적 여정과 함께 걸어온 도서관은 비밀스러운 밀실에서 민중의 광장으로 발전했습니다. 현대 사회가 눈부신 문명사회를 이루게 된 것도 인류 역사에서 각종 기록, 자료, 문헌, 매체를 수집·보존·정리·보급하는 데 중심 역할을 해온 도서관이 있었기 때문입니다. 도서관은 단순한 고대 문화의 창고가 아니라 한 국가의 미래를 결정할 만큼 중요한 기간시설이라 할 수 있습니다.

근대적 의미의 공공도서관은 "책은 만인의 것이며, 장서는 다양한 주제를 아우르고 분류되어야 하며, 도서관은 모든 이에게 개방되어야 한다"고 주장한 가브리엘 노데로부터 시작됩니다. 공공도서관은 민주주의의 산물이고, 민주주의를 성숙시킬 수 있는 가장 중요한 공적 기관입니다. 지식과 정보의 독점을 해제하고, 도서관이 민중의 광장으로 변모할 수 있었던 데는 선각자들의 노력이 큽니다. 그런 과정을 거쳐 도서관은 오늘날과 같은 모습으로 발전하게 되었습니다.

2

지역 밀착형 도서관의 부재

다양한 콘텐츠의 범람과 독서인구 감소

"5분만 시간을 주십시오. 책을 다 읽지 못했습니다."

안중근 의사가 사형집행 전 마지막으로 한 말입니다. 인생의 남은 5분을 독서에 할애한 안중근 의사에게 부끄럽게도 하루에 채 10분도 책 읽기에 시간을 쓰지 않는 사람들이 많습니다. 문화체육관광부가 해마다 발표하는 '국민 독서실태 조사'에 따르면 우리나라의 독서량은 점점 줄어들고 있습니다. 심지어 성인 10명 중 4명은 1년간 책을 단 1권도 읽지 않는 것으로 파악될 정도입니다. 텔레비전과 영화로 대표되는 영상산업부터 인터넷을 통한 게임과 유튜브까지, 다양한 동영상 콘텐츠가 넘쳐나는 환경에서 독서라는 여가 활동은 시민들의 머릿속에서 희미해져가고 있습니다.

2019년 1월 도서관정보정책위원회 발표에 따르면 공공도서관 한 곳당 방문자 수는 2013년 33만 1,813명에서 2017년에는 26만 1,103명으로 감소했고, 도서관 한 곳당 대출도서 권수도 15만 1,313권에서 12만 1,528권으로 줄었습니다. 이는 영상 콘텐츠의 범람 때문일 수도 있지만 도서관이 수요자들의 요구에 적극적으로 대응하지 못한 탓도 있을 것이라는 게 전문가들의 견해입니다. 도서관이 교육·문화 욕구를 충족시킬 창의 공간으로 거듭나야 한다는 지적이 나오는 이유입니다.

그러려면 무엇보다 양적 확장과 함께 지역 특성과 정체성을 담아내야 합니다.

우리 사회에서 도서관이 여전히 인식의 사각지대에 놓여 있는 까닭은 지역주민 누구나가 걸어서 갈 수 있는 곳에 공공도서관이 존재하지 않기 때문입니다. 또한 전문 사서가 충분히 배치돼 있지 않아 양질의 장서가 지속적으로 노출되지 못해 지역주민에게 진정한 정보 서비스를 제공하지 못하고 있습니다. 지역 사회에 얼마 되지도 않는 도서관이 지역주민들과 아무 관계도 없이 학생들의 '공부방'으로 전락한 것도 문제입니다. 일본 제국주의 산물인 도서관의 독서실화는 100년이 다 되어가는 지금까지도 여전히 해결되지 않은 근본적인 문제입니다.

우리 사회가 지향하는 평생교육의 추진도 도서관의 확충 없이는 불가능합니다. 학생들의 전용 공부방이 아니라 어린아이나 주부, 노인들이 즐겨 찾는 도서관이 지역 사회마다 들어서야 하는 이유가 여기에 있습니다.

선진국과 후진국의 차이도 도서관의 양과 질에서 찾을 수 있습니다. 인터넷이 아무리 발달하더라도 아이들은 도서관의 책을 읽으며 상상력과 다양한 꿈을 꿀 수 있기 때문입니다. 도서관은 지적 자유가 보장되어야 하고 다양한 지식을 쌓을 수 있는 곳이어야 합니다. 그러기 위해 도서관이 소장하고 있는 장서들이 활발하게 이용되어야 하며, 영혼의 안식을 책에서 찾으려는 사람들로 도서관이 넘쳐나도록 역동적인 공간이 되어야

합니다.

　단순히 책을 보관하는 공간에서 정보를 제공하는 공간으로, 사람과 사람이 소통하는 공간으로 우리의 일상생활과 밀접하게 연결될 때 도서관은 본래의 목적에 맞게 우리 곁에서 살아 숨 쉬는 활기찬 공간으로 재탄생할 것입니다.

정보의 소비공간에서 생산기지로 변화

도서관의 역할은 시대에 따라 변해야 합니다. 지금까지의 도서관이 정보를 모으고 소비할 수 있는 공간이었다면 21세기에는 정보를 생산하는 기지 역할을 해야 합니다. 따라서 단순히 책을 읽고 빌리는 곳에 그치지 않고 다양한 콘텐츠를 제공하려고 노력해야 합니다.

도서관에서 책이나 영화, 음악 등의 다양한 콘텐츠를 통해 정보를 얻으면 이것을 다른 사람과 나누거나 비판하면서 또 다른 정보가 만들어집니다. 이 정보가 제3의 사람과 만나 새로운 정보로 만들어지는 것이 정보 생산기지의 요체라고 할 수 있습니다.

현대와 같은 정보홍수 시대에는 수많은 정보들 속에서 올바르고 영양가 있는 양질의 정보를 골라내 제공하는 역할도 도서관의 임무입니다. 가짜뉴스가 판을 치고, 주관적인 목소리가 범람하는 상황에서 우량정보와 불량정보를 가려내야 합니다. 일각에서는 도서관의 역할이 줄어드는 것 아니냐는 우려의 소리도 나오고 있지만 인류가 멸망하지 않고 계속 진보하는 한 도서관은 존재할 것입니다. 도서관의 기본 기능은 유지하되 형태와 정보 제공 방식이 시대적 요구에 부응하며 변화해나가기 때문입니다.

"거인의 어깨에 올라서서 더 넓은 세상을 바라보라."

아이작 뉴턴Isaac Newton, 1642~1727의 이 말처럼 도서관은 '거인의 어깨'가 되어야 합니다.

그렇다면 좋은 도서관은 어떤 도서관일까요? 건축 외관이 아름다우며, 시설이 좋고 이용이 편리한 도서관, 장서를 다양하게 갖추고 있으면서 이용자들이 원하는 최신 정보를 신속하게 제공하는 도서관, 직원들이 친절하고 지역주민들이 언제든지 편안하게 이용할 수 있는 도서관, 지역에서 일어나는 일들을 함께 의논하고 의제를 이끌어가며 토론하는 민주주의 산실로서의 도서관…. 이런 다양한 요소들을 제대로 갖춘 도서관을 동네마다 만들고 가꾸는 일은 어떻게 가능할까요?

이런 질문에서부터 종로구의 공공도서관 사업은 시작되었습니다. 종로의 곳곳에 사람과 책이 공존하는 특색 있는 도서관을 지어 학문과 상상의 자유를 맘껏 누리게 하기, 그것이 종로구가 꿈꾸는 '책 읽는 도시, 종로'의 청사진이자 공공도서관의 미래입니다.

3

'종로다운' 특화 도서관 건립

구립도서관이 하나도 없었던 종로구

'책 읽는 도시'를 표방하는 지방자치단체는 많습니다. 그럼에도 '책 읽는 종로'가 특별히 기대되는 이유는 지역주민과 공공기관이 하나가 되어 지역문화의 선순환을 꾀하고 있기 때문입니다. 이를 위해 차별화한 특화 도서관과 마을 사랑방 역할을 해온 각 동의 주민센터 내 마을문고를 시대 감각에 맞게 새롭게 변신시켰습니다. 덕분에 종로구민들은 편하게 집 근처의 도서관으로 향할 수 있게 되었습니다.

하지만 종로구가 '책 읽는 도시'의 인프라를 처음부터 제대로 갖춘 것은 아니었습니다.

근대화 이후 급속한 경제성장의 그늘에서 한국 사회의 도서관은 방치되고 외면당했습니다. 1963년 도서관법이 발효되며 법적으로 도서관이 제도화되었다는 점은 주목할 부분입니다. 하지만 탑골공원에 있던 종로도서관의 철거(1967년 철거 후 1968년 8월 사직동으로 이전), 소공동 국립중앙도서관의 남산 이전(1974년), 강남 개발 과정에서 도서관 부지 제외로 알 수 있듯, 도서관은 근대화의 '변방'에 머물러 있었습니다. 다리를 놓고, 길을 넓히고, 공장을 짓는 데 국가의 예산 정책이 집중돼 있었기 때문입니다. 당장의 먹고사는 문제가 백년지대계로서의 도서관보다 발등의 불이었습니다.

그럼에도 종로의 도서관은 꾸준히 명맥을 유지했습니다.

서울에서 가장 오래된 공공도서관은 종로도서관(1920년)이고, 서울시 대표 도서관은 서울도서관(구 서울시 청사 자리)이며, 서울에서 가장 규모가 큰 공공도서관은 정독도서관입니다. 올해(2020년)로 건립 100주년을 맞은 종로도서관과 100년 가까이 된 남산도서관(1923년)에 비해 1977년 1월 옛 경기고등학교 자리에 개관한 정독도서관은 종로도서관과 남산도서관보다 많은 장서를 보유하고 있습니다. 짧은 역사에도 불구하고 집중적인 지원을 받은 결과, 50여만 권의 장서와 2만 5,000여 점의 비도서자료 등을 갖춘 도서관이 되었습니다.

그런데 사직동에 위치한 종로도서관과 북촌에 있는 정독도서관은 종로구가 운영하는 구립도서관이 아니라 둘 다 서울시 교육청 산하기관입니다. 그 때문에 오래전부터 종로 구립도서관의 필요성이 꾸준히 제기되어왔습니다.

종로구는 오랫동안 서울의 정치·문화·경제의 중심부였지만 종로구 주민들이 책을 접할 수 있는 공간은 시 교육청 도서관(종로, 정독도서관)과 유명 대형서점(교보, 영풍 등)이 전부였습니다. 이 시설들도 서부 지역에 편중되어 있어 종로구 내 지역 간 문화 불균형을 심화시키는 요인으로 작용했습니다.

종로구만의 특색을 살린 특화 도서관 건립

2010년 구립도서관이 한 곳도 없었던 종로구는 '걸어서 10분 거리에 생활 밀착형 도서관을 만들자'는 목표를 내걸고 관내 곳곳에 도서관 건립을 추진하였습니다. 그 결과 2011년 첫 번째 구립도서관인 '삼봉서랑'과 '통인 어린이 작은도서관'을 개관하였습니다. 2012~2013년에는 청운효자동 등 9개의 마을문고를 작은도서관으로 전환했습니다. 하지만 더욱 다양해지는 주민들의 문화 욕구 충족을 위해서는 종로구만의 특별한 도서관 정책이 필요함을 깨닫게 되었습니다.

종로구는 도서관을 개인 학습이나 단순한 정보 습득의 장소를 넘어 책을 매개로 사람과 사람을 잇는 사람 중심의 공간으로 만들고자 했습니다. 나아가 종로구만이 가진 문화적·지역적 특성을 가득 품은 문화 사랑방으로서의 역할을 다할 수 있는 특색 있는 도서관 건립을 추진했습니다. 삼청공원 숲속도서관, 청운문학도서관, 도담도담 한옥도서관, 아름꿈도서관, 우리소리도서관, 어린이청소년 국학도서관이 주변 환경과 어우러지며 차별화된 테마를 가진 특화 도서관으로 조성되었습니다.

특화 도서관의 시작은 다양한 영어독서 프로그램을 운영하는 '통인 어린이 작은도서관(2011년 개관)'입니다. 삼청공원 내에 위치하여 자연 속에서 책을 볼 수 있는 '삼청공원 숲속도서관(2013년 개관)'은 생태 특화 도서관으로, 삼청공원 유아숲체험장과 연계한 생태 프로그램을 운영합니다.

종로구의 첫 번째 한옥 도서관인 '도담도담 한옥도서관(2014년 개관)'은 '한옥 체험, 한문 교실' 등의 프로그램을 운영하는 전통문화 특화 도서관입니다. 주거 밀집 지역으로 아이들이 많은 숭인동의 '아름꿈도서관(2015년 개관)'은 어린이·청소년 대상 시청각 특화 도서관입니다. 스크린, 프로젝터, TV 등 각종 영상장비를 구비하고 있으며 E-Book 열람, DVD 대여가 가능합니다.

인왕산 자락에 위치한 종로구 최초의 한옥 공공도서관인 '청운문학도서관(2014년 개관)'은 시, 소설, 수필 등 8,000여 권의 문학서적을 보유하고 문학 창작 교실, 인문학 강좌 등의 프로그램을 운영하는 문학 특화 도서관입니다. '우리소리도서관(2017년 개관)'에서는 국악 관련 서적을 볼 수 있을 뿐만 아니라 국악 음원 감상, 국악기 체험, 국악 공연 등 직접 듣고 즐기는 체험의 장으로도 운영됩니다. 역사·교육으로 유서 깊은 명륜동의 지역 특성을 살린 '국학도서관(2018년 개관)'은 역사와 문화 등 국학 자료를 비치하고 국학 관련 강연 등을 열고 있습니다.

마을 사랑방 역할을 해온 동주민센터 내 마을문고도 재미있는 변신을 시도했습니다. 지역주민들이 단순히 책을 빌리는 공간을 넘어 화합과 소통의 구심점 역할을 하는 복합 문화공간으로 기능하도록 만든 것입니다.

2011년 '삼봉서랑'에서 시작된 종로구의 구립도서관 건립 사업은 2020년 말 현재 17개로 늘어났습니다. 이러한 종로구의 구립도서관은 지역 간 문화 불균형 해소는 물론 지역주민들이 도서관 자료를 이용만 하는 게 아니라 생산도 하는 지역문화의 거점으로 자리매김하고 있습니다.

2부

걸어서 10분 거리
생활 밀착 작은도서관

—— 두뇌 발달에 지대한 영향을 미치는 영유아
시기의 독서는 특히 중요합니다. 따라서
종로구는 어려서부터 책과 친해지도록
2011년 5월 북스타트 운동을 시작했습니다.
'책과 함께 인생을 시작하자'는 취지로
종로구에 거주하는 영유아(생후 3개월~취학
전)를 대상으로 그림책 2권과 책 읽기
가이드북이 든 책꾸러미를 선물합니다.
아이가 책과 가까워지는 계기가 되고, 독서
분위기를 확산시키는 촉매제가 되기를
바라는 운동입니다.
이러한 북스타트 운동은 마을문고를
리모델링하여 작은도서관으로 전환하는
도서관 건립 사업으로 이어졌습니다.
지역주민의 생활 가까이 작은도서관을
확충하여 종로구민 누구나 도서관 문화를
향유하도록 새로운 변신을
시작한 것입니다. ——

1

책 읽는 종로의 첫 도서관, 삼봉서랑

종로 구립 작은도서관의 첫 출발

종로구는 약 600년 동안 대한민국 수도의 핵심으로 궁궐과 다양한 문화유산이 가득한 역사와 문화의 중심지입니다. 문화유산이 많다는 장점을 뒤집으면 활용 가능한 토지의 부족과 높은 땅값, 작고 노후된 건축물이 많다는 단점을 보여줍니다. 이때문에 새로운 공간을 건립할 부지를 확보하는 데 많은 어려움이 따랐습니다.

하지만 종로구는 이러한 환경적 어려움을 발상 전환의 계기로 삼았습니다. 부지 확보가 어려운 도심의 특성에서 대형 도서관의 신축보다는 유휴시설을 활용해 작은도서관 위주의 공공도서관 건립 계획을 세웠던 것입니다.

그 첫 번째 사업으로 탄생한 구립 작은도서관이 '삼봉서랑'입니다. 삼봉서랑은 종로구 청사 1층에 $224 m^2$의 규모로 건립되었습니다. 청사로 들어가다 보면 주차장을 지나 정문 오른쪽에 '작은도서관 삼봉서랑'이라고 붙은 명패를 볼 수 있습니다.

'삼봉서랑'이라는 당호는 주민 공모로 결정되었습니다. '삼봉三峰'은 조선의 개국공신인 정도전의 호로, 그가 살았던 집터에 종로구 청사가 세워진 역사적인 내력을 담고 있습니다. 여기에 글방이라는 뜻의 '서랑書廊'을 합쳐 '작은도서관 삼봉서랑'이라고 이름 지은 것입니다.

현 종로구 청사 건물은 일제강점기인 1922년에 수송국민학교로 건립되었고 1975년부터 종로구 청사로 사용되고 있습니다. 지은 지 100년 가까이 되고 보니 건물은 낡고 공간은 협소

해졌습니다. 늘어나는 업무와 조직에 비해 한정된 사무공간은 턱없이 부족할 뿐만 아니라 회의실도 모자란 형편이었습니다. 이렇게 좁지만 구청 직원들이 업무공간을 조금씩 양보함으로써 청사 1층에 책과 함께하는 도서관을 마련할 수 있었습니다.

누구에게나 열린 '모두의 쉼터'

2010년 12월 리모델링 계획을 세우고 총사업비 3억 2,200만 원을 들여 완공한 삼봉서랑은 이듬해 2011년 8월 31일에 개관했습니다. '작은도서관 삼봉서랑'은 지역주민, 직장인, 여행자, 서울시민, 학생 등 누구나 자유롭게 이용할 수 있는 공간입니다. 부모가 주변을 의식하지 않고 아이에게 책을 읽어주는 유아방, 간단한 대화를 나누고 책도 볼 수 있는 서가 겸 열람실 형태의 북카페에 인터넷을 이용해 필요한 지식과 정보를 무료로 찾아보도록 검색용 컴퓨터도 한쪽에 갖춰놓았습니다.

베스트셀러와 스테디셀러 같은 일반도서에 구정백서, 행정자료 등까지 약 1만 2,000여 권을 비치한 삼봉서랑은 영유아

삼봉서랑 내부

에게 책을 나눠주는 북스타트 운동, 동화 구연 〈삼봉서랑에서 들려주는 맛있는 동화〉, 주제별 도서전, 음악이 흐르는 도서관 〈뮤직라이브러리 in 삼봉〉 등 다양한 독서 진흥 프로그램과 문화 프로그램도 운영합니다. 빌딩 숲 한가운데에서 지식의 오아시스 같은 도서관 문화를 이끌어가고 있습니다.

또한 종로구청 직원 기부도서 코너를 마련해둔 것도 특징입니다. 한 번 읽고 집에 보관되어 있는 책, 감명 깊게 읽어 주변 사람에게 추천하고 싶은 책 등을 공유하기 위해 삼봉서랑에서 가장 눈에 잘 띄는 도서관 입구 서가에 마련해두었습니다. 기부도서 표지 안쪽에는 기증인을 명시하여 고마움을 전하고 있습니다.

이러한 도서 나눔은 독서상시학습 교육 이수자들의 자발적인 참여로 이루어졌습니다. 독서상시학습은 직원들의 창의적 사고를 배양하고 문제해결 능력을 가진 행정인 양성을 목적으로 시행하는 종로구 직원 교육 프로그램입니다.

직원들이 교육을 신청하면 대상자가 읽고 싶어 하는 책을 구에서 제공하고, 직원은 그 책을 읽고 지정된 양식에 책의 주제나 내용에 대한 다양한 의견을 작성하는 지식포럼이라 할 수 있습니다. 매년 700여 명의 직원들이 참여하여 큰 성황을 누리고 있습니다.

종로구는 독서상시학습자에게 수시로 도서를 기부 받고, 이외에도 직원이 소장한 도서의 기부를 독려하고 있습니다. 직원이 기부하는 도서가 삼봉서랑에 이미 있는 경우에는 해당 도서가 없는 관내 다른 작은도서관이나 마을문고에 비치됩니다. 이러한 책을 통한 지식순환운동은 책의 가치와 도서관의 존재 의미를 드높이고 있습니다.

삼봉서랑은 종로구청 신청사 건립으로 2021년 3월부터 휴관하여 신청사 건립 예정 시기인 2024년 12월에 재개관할 계획입니다.

2

영어 특화 통인 어린이 작은도서관

세종대왕 탄생지 세종마을에 웬 영어도서관?

삼봉서랑에 이은 두 번째 구립도서관은 세종대왕이 탄생한 세종마을에 만들어졌습니다. 생활 밀착형 공공도서관 건립 프로젝트의 일환으로 '통인 어린이 작은도서관'을 개관한 것입니다. 두 번째라고는 하지만 사실 삼봉서랑과 비슷한 시기에 추진되어 같은 날짜에 개관한 마치 '이란성 쌍둥이' 같은 도서관입니다.

종로구는 마을마다 오래된 건물을 무작정 철거하지 않도록 안내하며 작은도서관 건립을 추진하였습니다. 그 과정에서 2010년 10월 서울시가 '마을마당 공원' 조성을 위해 매입한 유휴주택을 협의를 거쳐 사용권을 획득하고, 이 자리에 어린이 영어 도서관을 건립하게 되었습니다.

　　그런데 공사가 한창 진행 중이던 이듬해 4월 15일, 전국을 떠들썩하게 만든 민원이 발생하였습니다.

　　한글학회 등에서 제기한 '세종대왕 탄생지에 웬 영어 도서관을 짓느냐?'라는 인터넷 민원으로 시작된 여론의 불길이 공중파 방송과 중앙 일간지 등 언론매체, 주요 인터넷 포털사이트에서 갑론을박 찬반양론의 첨예한 입씨름으로 번져나갔던 것입니다. '세종마을에 영어 도서관은 절대 불가'라는 의견과 '그동안 학원 등 교육 시설이 부족한 지역에 모처럼 필요한 시설이 들어서는데 왜 반대하느냐?'라는 의견이 팽팽히 맞섰습니다. 하루아침에 쉽게 합의점을 찾을 수 없어 사업은 중단된 채 표류할 수밖에 없었습니다.

　　종로구는 이를 해결하기 위해 2011년 4월 27일, 인근 주민과 한글학회 회원 등을 대상으로 청운효자동 주민센터에서 설명회를 개최했습니다. 그 결과 도서관의 필요성을 이해시키고 아울러 참석자들의 의견을 참고하여 한글과 영어가 함께하는 어린이 도서관을 건립하기로 최종 합의를 끌어냈습니다.

그러자 이번에는 그동안 잠잠했던 현장 인근에 거주하는 주민들이 주차난과 소음 등을 이유로 공사를 반대하는 집단민원을 제기하였습니다. 종로구는 집단민원인 30명에게 일일이 전화를 하고, 한 분 한 분 찾아다니며 이해를 구하는 등 설득 작업을 해나갔습니다. 공사가 진행 중인 현장 골목에서 세 차례에 걸쳐 주차와 소음 대책을 설명한 후 그해 6월 7일 드디어 집단민원까지 해결했습니다.

이러한 우여곡절 끝에 공사는 재개되었고, 8월 31일에 '통인 어린이 작은도서관'이라는 이름으로 개관하였습니다. 당초 서울시의 마을마당 조성이라는 계획에 대해 이곳이 청소년들의 우범지역으로 전락할 것을 걱정했던 주민들은 도서관 건립으로 안심할 수 있었고, 신축이 아닌 기존 건물을 활용함으로써 예산절감이라는 효과도 거둘 수 있었습니다. 처음에는 반대하던 지역주민들도 이렇게 좋은 시설을 너무 작게 만든 거 아니

냐는 등의 듣기 좋은 불평을 쏟아낼 정도로 도서관에 대한 만
족감을 표시했습니다.

작지만 강한 영어 특화 어린이 도서관

경복궁 서쪽 자하문로에서 통인시장 가까이 작고 소담스러운
골목 안 가게들을 지나다 보면 2층짜리 단독주택을 개조해 만
든 붉은 벽돌 건물의 도서관이 있습니다. 언뜻 2층 양옥주택처
럼 보여 그냥 지나치기 쉽지만 잔디와 보도블록이 깔린 마당
을 지나 건물 안으로 들어서면 정돈된 서가에 꽂힌 여러 책들
에 책상과 의자, 깨끗한 강화마루 바닥 등이 보여 일반 가정집
이 아님을 한눈에 알아차릴 수 있습니다. 아담하지만 깨끗하고
아름다운 도서관의 면목을 볼 수 있는 이곳이 바로 '통인 어린
이 작은도서관'입니다.

　271㎡의 대지에 230㎡ 규모로 조성된 도서관의 1층은 한글
책보다는 영어책의 비중이 큰 어린이 도서관으로, 2층은 영어
교실로 운영되는데 특히 엄마와 아이가 함께할 수 있는 공간

도 따로 마련했습니다. 영어를 처음 접하는 5세 이하 어린이가
부모와 함께 책을 읽고 DVD를 감상하는 미디어 열람실, 어린
이들이 영어책을 읽고 서로의 생각을 공유하는 무대도 조성되
어 있습니다. '통인 어린이 작은도서관'에서는 어린이 영어 교
육 전문업체에서 운영을 맡아 진행하는 원어민 영어 프로그램
과 영어독서 레벨 테스트도 이루어집니다.

영어 동화를 듣고 주인공 캐릭터를 직접 만들어보는 스토리
텔링 프로그램, 영어에 흥미를 갖게 하는 퀴즈 등 이벤트 프로

통인 어린이 작은도서관 내부

그램도 정기적으로 운영합니다. 경제적인 가격으로 원어민에
게 영어를 배울 수 있다는 입소문을 타고 회원 가입이 점차 늘
고 있으며, 풍부한 영어 교육 시스템을 제공하는 등 작지만 강
한 어린이 도서관으로 발전해나가고 있습니다.

3

노후된 마을문고의 아름다운 변신

사람과 책이 공존하는 새로운 도서관 문화

1994년 11월 29일 세계도서관연맹IFLA과 유네스코UNESCO는 '공공도서관선언Public Library Manifesto'을 발표했습니다.

"공공도서관은 이용자가 모든 종류의 지식과 정보를 쉽게 이용할 수 있도록 만드는 지역의 정보센터다. 공공도서관의 서비스는 나이, 인종, 성별, 종교, 국적, 언어, 사회적 신분에 관계없이 모든 사람을 위한 균등한 접근 원칙에 따라 제공된다."

이 선언문에 표현된 '모든 사람을 위한 균등한 접근 원칙'은 도서관의 생명과도 같습니다.

'접근성'이라는 측면에서 도서관은 일단 가까운 곳에 있어야 합니다. 전문가들은 자신의 활동반경에서 1.5~2km 이상 떨어져 있으면 쉽게 찾지 않는 게 보편적인 인간심리라고 이야기합니다. 우리나라 사람들이 도서관을 잘 찾지 않는 데는 대부분의 도서관들이 집에서 멀거나 접근하기 어렵기 때문이기도 합니다. 이웃 나라 일본만 하더라도 1977년 이미 "도서관은 어디에서 걸어도 7분 이내 거리에 있어야 한다"는 정책 목표를 수립했습니다. 미국 뉴욕 맨해튼의 마천루 숲에서도 5~10분만 걸으면 공공도서관에 닿을 수 있다고 합니다.

공공도서관의 생명인 '접근성'을 높이기 위해서는 각 동네마다 도서관이 조성되어 있어야 합니다. 종로구는 이러한 공공도서관의 가치와 원칙을 되새기며 〈도서관 및 독서문화 활성화〉 4대 목표를 설정하였습니다.

첫째. 걸어서 10분 거리에 도서관 인프라 구축하기

둘째, 구민 1인당 연간 독서량 20권으로 끌어올리기

셋째, 구민 1인당 연간 장서 보유량 1권으로 늘리기

넷째, 도서관을 마을 공동체의 거점공간으로 진화시키기

이를 위해 우선적으로 기존의 노후된 마을문고를 리모델링하여 작은도서관으로의 전환을 추진하였습니다. 그동안 각 동의 주민센터마다 마을문고를 운영했지만 체계적인 관리가 이루어지지 않고 이용자도 일부 주민으로만 한정되었습니다.

그리하여 보여주기 위한 도서관이 아니라 주민들이 실생활에서 친밀하게 이용할 수 있는 도서관을 만들자는 종로구 도서관 사업의 취지에 맞추어 종로구 전역에 포진해 있는 기존 마을문고 시설을 정비하였습니다. 오래되어 낡고 불편하거나 운영자가 없어 유명무실했던 마을문고 시설의 전면 리모델링을 실시하고, 운영비를 지원해 운영자 상주 체제 구축, 도서 전산관리 시스템을 도입하여 깨끗하고 쾌적한 '작은도서관'으로 전환시켰습니다.

동네 주민들은 가까운 거리에서 다양한 독서·문화 프로그램을 누리게 되어 기뻐했고 이용률도 눈에 띄게 늘었습니다.

동네마다 책의 향기가 가득한 '책 읽는 종로' 실현

김영종 구청장 취임 이후, 걸어서 10분 거리에 누구나 이용할 수 있는 생활 밀착형 도서관을 건립한다는 목표는 지속적으로 추진돼왔습니다. 삼봉서랑, 통인 어린이 작은도서관 다음으로 문을 연 곳은 '이화마을 작은도서관'입니다. 2012년 8월 1일 문을 연 '이화마을 작은도서관'은 종로구의 제3호 작은도서관이자 '마을문고의 작은도서관 전환 사업'의 첫 결실입니다.

약 두 달 간의 리모델링 기간을 거쳐 '이화마을 작은도서관'은 93㎡의 면적에 4,000여 권의 장서를 비치한 도서관으로 변모했습니다. 서가뿐 아니라 프로그램실, 일반열람 공간, 아동실 등을 갖추었지만 2020년 2월에는 다시 한 번 변신을 시도해 주민 복합 문화공간으로 재탄생했습니다. 획일화된 분위기에서 벗어나 지역 특성에 맞게 공간 레이아웃을 디자인한 것입니다.

무악동 주민센터 2층에서 분야별 도서 약 3,000여 권으로 시작한 '무악다솜방'도 있습니다. 무악다솜방의 명칭 '다솜'은

이화마을 작은도서관

무악다솜방 입구

'사랑'을 의미하는 순우리말입니다. 무악동 자치회관의 일부 강의실을 리모델링해 주민들의 사랑이 넘치는 공간으로 만들기 위해 붙여진 이름입니다.

작은도서관으로 새롭게 태어난 곳은 앞에 소개한 4곳 외에도 혜화마을 북카페, 꿈꾸는 평창동 작은도서관, 창이 작은도서관, 청운효자동 북카페, 교남동의 홍파랑 북카페 등 14곳에 이릅니다.

무악다솜방 입구(위), 꿈꾸는 평창동 작은도서관(아래)

청운효자동 북카페

    2017년부터는 도서관을 이용하는 주민들의 편의를 위해 한 장의 회원증으로 종로구가 운영하는 17개 구립도서관을 자유롭게 이용하는 '책이음서비스'도 시작하였습니다.

    이처럼 노후된 마을문고를 재정비해 작은도서관으로 변신시킴으로써 마을 곳곳에 책의 향기가 가득한 '책 읽는 종로'의 꿈이 영글었고, 생활공간 가까운 곳에서 종로구민 누구나 도서관 문화를 향유할 수 있는 새로운 환경이 마련되었습니다.

4

책과 사람을 잇는 '책 읽는 종로 도서관 축제'

책, 사람, 도서관이 하나가 되는 협동축제

종로구는 2016년부터 '책 읽는 종로 도서관 축제'를 열고 있습니다. 이 축제를 통해 종로 곳곳에 위치한 도서관의 인지도를 끌어올리고, 복합 문화공간인 도서관 이용을 보다 활성화시켜 나가겠다는 것이 축제를 기획한 주된 이유입니다. 단순한 전시가 아닌 남녀노소 다양한 계층이 책을 더 직접적으로 접하도록 참여형 축제를 개최해 도서관별 특화 콘텐츠를 알리고 있

습니다. 여기에는 동네서점과 출판사도 함께해 축제를 더욱 풍
성하게 만듭니다.

첫 번째 도서관 축제는 2016년 10월 8일에 열렸습니다. 자
연이 살아 숨 쉬는 고즈넉한 삼청공원 숲속에서 구립도서관이
모여 책과 사람, 문화와 지역, 책방과 도서관이 어우러지는 뜻
깊은 축제를 펼쳤습니다. '도서관 가을소풍'이라는 주제로 열
린 첫 축제는 작은도서관 운영자가 중심이 되어 지역 독서 자
원 간 정보 교류의 기회를 제공하고 독서문화 진흥에 중점을
두었습니다. 이날 행사는 KBS 정용실 아나운서의 사회로 도서
관 운영자들이 화합을 도모하
는 합동 퍼포먼스를 펼치며 시
작되었습니다.

총 5개의 마당과 부대행사로
진행되었는데 여는마당에서는
구립도서관을 이끌어가는 주
민들과 사서들의 이야기를 듣
고, 체험마당에서는 동네의 도

서관을 소개했으며 도서관 특화 프로그램을 체험하는 놀이터 역시 선보였습니다. 청운문학도서관의 '시 항아리 엽서 보내기', 아름꿈도서관의 '우리 동네 도서관 지도 만들기', 통인 어린이 작은도서관의 '영어 독서 퀴즈', '스토리북 만들기', 삼청공원 숲속도서관의 '숲에서 만나는 과학놀이' 등 아이들과 함께할 즐길 거리가 풍성했습니다.

시인이나 작가를 직접 만나는 저자와의 만남, 북콘서트 등으로 이루어진 강연마당도 성황을 이루었습니다. 첫 축제에서는 〈풀꽃〉 시의 저자 나태주 시인을 초청해 '시로 만나는 아름다운 삶'이라는 주제로 특강을 열었습니다. 공연마당에서는 클래식으로 영화 음악을 듣는 숲속음악회와 숲에서 들려주는 가을낭독회로 계절의 정취를 더했습니다. 사진전과 서울예술고등학교의 책거리 기획전이 펼쳐진 전시마당도 볼거리가 가득했습니다. 그 외 부대행사로 도서 바자회, 페이스 페인팅, 풍선 아트와 함께 종로구 청소년들이 제작한 스마트폰 무비랩 단편영화 작품 상영회도 열려 축제의 열기와 흥미를 돋우었습니다.

마켓형 축제가 아닌 '지식과 문화 이음' 축제

'책 읽는 종로 도서관 축제'는 2019년 제4회 행사부터 5월로 시기가 조정되었습니다. 자라나는 어린이들에게 도서관과 친해질 계기를 제공하고, 가족이 함께하는 자리로 만들기 위해 가정의 달 5월에 열기로 했기 때문입니다.

'숲속 산책冊'을 부제로 한 제4회 행사 때에는 서울 도심 한가운데 자리한 삼청공원의 공간적 특성을 반영해 '자연'과 미래 자산인 '아이들', 축제의 테마 요소인 '책'의 세 가지를 핵심

주제로 정했습니다.

참여기관도 대폭 늘어나 총 41곳이나 동참하였습니다.

청운문학도서관 등 구립도서관 17곳, 나무와열매 어린이도서관 등 사립도서관 3곳, 정독도서관 등 시립도서관 3곳, 종로좋은책방협의회 소속 지역서점 14곳, 사계절 등 출판사 4곳이 삼청공원 숲으로 나와 각각의 특성을 살린 프로그램을 선보였습니다. 특히 한국학생점자도서관은 점자 책갈피 만들기, 청운문학도서관은 시 편지 쓰기, 우리소리도서관은 국악 악기 만들기, 생태도서관인 삼청공원 숲속도서관은 자연물을 이용한 만들기로 축제 관람객들과 소통하였습니다.

작가와의 만남 시간에는 《눈물바다》,《간질간질》을 쓴 서현 동화작가가 어린이 눈높이에 맞춘 재미있는 강연을 펼쳤습니다. 북콘서트에서는 카피라이터이자 《힘 빼기의 기술》을 쓴 김하나 작가와의 만남을 가졌습니다. 또 포크송 싱어송라이터 '시와'의 노래 공연도 곁들여졌습니다. 부대행사로 종로구 좋은책방협의회는 종로구립도서관 관련 퀴즈 맞히기와 함께 캐리커처 그리기를 통해 독자들에게 다가갔습니다.

'책 읽는 종로 도서관 축제'는 종로구의 도서관이 그 동안 운영한 결실을 서로 공유하고 주민들에게 소개하는 축제의 장입니다. 종로구가 주최하고 종로문화재단이 주관하는데 도서 판매를 목적으로 열리는 일방통행식 마켓형 축제가 아니라 책과 사람, 문화와 지역, 책방과 도서관, 도시와 자연, 세대와 세대를 잇는 '지식과 문화 이음'의 축제로 자리매김했습니다.

건강한 독서 생태계 조성과 '책 읽는 종로' 분위기 조성을 위한 종로구의 노력은 도서관만 짓고 끝이었던 기존의 소극적인 관행에서 벗어나 책을 매개로 지역주민과 도서관, 서점을 하나로 묶는 적극적인 행보를 보여주고 있다는 점에서 의미가 깊습니다. 이로 인해 '책 읽는 종로 도서관 축제'는 종로가 서울의 지식문화센터임을 대내외에 상기시키는 대표 축제로 인정받고 있습니다.

3부

지역문화와 정체성을
담은 특화 도서관

시대 변화에 따라 더욱 다양해지는
지역주민들의 문화 욕구를 충족시키기
위해서는 종로구의 문화와 지역적 특성을
담은 차별화된 도서관 정책이 필요합니다.
도서관은 개인 학습 공간이나 책을
빌려주는 단순한 공간이 아닌 책을 매개로
사람과 사람을 잇는 공간, 종로구만이 가진
문화적·지역적 특성을 가득 품은 문화
사랑방 역할을 할 수 있어야 한다는 것이
변치 않는 종로구의 생각입니다.
이에 따라 지역주민의 의견과 지역의 특색을
반영한 종로구만의 차별화된 특화 도서관
건립이 추진되었습니다. 그 결과 2013년부터
2018년까지 지역의 정체성을 담은 생태,
문학, 국악, 국학 등의 특화 도서관 6곳이
문을 열게 되었습니다.

1

자연 속의 생태 도서관
삼청공원 숲속도서관

공원 내 낡은 매점이 숲속도서관으로 변신

삼청공원은 우리나라 최초로 일제강점기인 1934년 '조선시가지계획령'과 1940년 '경성시가지계획공원안'에 의해 지정·조성된 도시 공원입니다. 우리나라는 원래 공원이라는 개념이 없었습니다. 산과 계곡의 자연 풍광 자체를 즐기거나, 담양의 소쇄원과 보길도의 부용동처럼 선택된 소수만이 개인 정원을 조성해 풍류를 즐겼습니다. 그러다가 공공의 개념을 도입한 삼청공원이 생기면서 도시 공원의 역사가 시작되었습니다. 삼청공원은 경복궁 북동쪽의 북악산 기슭에 자리합니다. 공원의 북쪽은 1976년 서울시에서 복원한 한양 도성이 둘러싸고 있으며, 노송을 비롯한 울창한 수림과 청계천의 상류인 삼청천 계곡 등 자연 그대로의 모습이 살아 있어 도심 속 아름다운 풍광을 만날 수 있습니다.

삼청공원의 이름은 도교의 3신인 태청太淸·상청上淸·옥청玉淸의 삼청성진을 모신 삼청전이 있던 데서 유래했습니다. 또 이 지역의 산과 물이 맑으며, 사람의 인심 또한 맑고 좋다는 산청山淸, 수청水淸, 인청人淸의 의미를 담고 있기도 합니다. 이처럼 '삼청공원 숲속도서관'은 도심 속 산소 공원 같은 힐링 쉼터에 들어서 있습니다. 종로구의 열두 번째 구립도서관으로 오래되고 미관까지 해치던 매점을 리모델링하여 탄생한 공간입니다.

종로구는 서울 성곽길 개방으로 가족 단위 관광객이 즐겨 찾는 명소가 된 삼청공원에 북카페를 조성하여 책 읽는 종로를 구현하고, 공원 이용객들이 갑작스러운 기상 변화 시 대피할

수 있는 최소한의 공간을 확보하자는 데서 둘을 만족시킬 도
서관을 만들자는 착상을 떠올렸습니다. 2012년 3월, 계획을 입
안하였고 그해 11월 서울시 공원조성 변경 심의위원회 심의를
통과했습니다. 이어 12월에는 서울시 북카페 사업에 선정되어
시 예산 7,500만 원을 확보하였고, 이를 바탕으로 본격적인 리
모델링 공사에 착수하였습니다. 이듬해 8월에는 지역주민으로
구성된 '협동조합'과 관리 운영 계약을 체결하여, 2013년 10월
숲속도서관으로 정식 개관하게 되었습니다.

유아숲체험장과 연계한 다양한 생태 프로그램

'삼청공원 숲속도서관'은 삼청동 마을공동체에 위탁되어 도서
관 내 북카페 운영 수익으로 자립 운영을 목표로 하는 최초의
도서관입니다. 지역주민의 일자리를 창출하고 주민들과 함께
하는 프로그램을 운영하여 마을공동체까지 강화하는 문화적
선순환 구조를 만들며 민·관 협력 운영 우수 사례로도 남게
되었습니다. 자연친화형으로 건립된 206㎡ 규모의 도서관은

열람실과 서가, 매점, 유아방 시설을 갖추고 5,000여 권의 도서와 50석의 열람석을 구비하고 있습니다.

숲속도서관 외벽은 숲과 나무와 어울릴 수 있는 색상으로 마감하여 주변 자연과의 조화를 꾀했습니다. 큰 통유리를 통해 자연광을 최대한 받도록 했기에 실내에 있어도 나무와 숲을 관찰하며 숲속에서 책을 읽는 느낌입니다. 특히 실내의 아래 창틀을 넓게 만들어 기대 앉아 책을 읽을 수 있도록 해 편안한 분위기를 조성했습니다. 겨울철에는 냉기를 차단하도록 아래 창틀에 온돌까지 넣었기에 이용자를 위한 세심한 배려와 아이디어를 엿볼 수 있습니다. 천장을 높여 아이들의 창의력과 상상력을 향상시키는 분위기 또한 연출했습니다. 지하 1층으로 내려가는 나무계단은 폭을 넓혀 측면에 앉아 책을 읽도록 해 공간 활용도를 높였습니다.

도서관의 지하 1층은 어린이 전용 열람실입니다. 삼청공원 내에 위치한 도서관답게 다양한 어린이 생태도서를 구비하는 동시에 숲 유치원, 생태학습장 등을 연계한 생태 프로그램도 운영합니다. 공원 내에는 숲속에서 자연 소재를 활용한 체험과

교육을 제공하는 유아숲 체험장이 있습니다. 2014년 5월에 조성된 유아숲 체험장은 동심의 숲, 물의 숲, 숲속의 숲 등 3곳으로 구분해 호기심을 불러일으키고 상상력을 키울 수 있게 했습니다.

인간 중심 미래혁신의 방향을 제시하다

2018년 12월 미국의 최대 일간지인 〈뉴욕타임스〉에서는 첨단기술 중심의 혁신으로부터 벗어나 우리가 진정 원하는 것이 무엇인지, 어떻게 살고 싶은지를 반영한 '인간 중심의 미래에 중점을 둔 혁신' 사례로 삼청공원 숲속도서관을 소개했습니다. 온라인 결제시스템 페이팔의 설립자이자 경영자인 데이비드 색스David Oliver Sacks는 〈혁신에 대한 집착을 끝내다End the Innovation Obsession〉라는 칼럼에 삼청공원 숲속도서관을 방문한 후기를 게재하면서, "현대적인 도시 중 하나인 이곳 서울의 도심에서 숲이 주는 풍경을 만끽하고 누구나 쉬어갈 수 있도록 설계된 삼청공원 숲속도서관이야말로 21세기 사회가 궁극적

으로 추구해야 할 '사람 중심의 미래'에 중점을 둔 혁신"이라
고 평했습니다.

이 기사는 문화공간으로서 숲속도서관의 확대라는 서울시의
공원 조성 정책의 변화를 이끌어내는 계기로 작용하였습니다.
실제로 서울시는 총 예산 446억 9,500만 원을 들여 2023년 6월
까지 공원 내에 '숲속도서관' 30개를 만든다는 구체적인 계획
을 발표하였습니다. 부지는 기존 시설물을 최대한 활용해 자연

훼손은 최소화하고 공원 이용은 극대화할 수 있는 곳을 대상으로 개소당 면적 330㎡ 내외로 하겠다는 것입니다. 무엇보다 공원을 산책·휴식 위주에서 힐링 복합 서비스를 제공하는 곳으로 강화시킬 계획입니다.

'삼청공원 숲속도서관'은 기능과 효율, 디자인이라는 측면에서도 높은 평가를 받고 있습니다. 2015년 국토도시디자인대전에서 국토연구원장상을 수상하고, 서울 아름다운 건물 찾기 공모전에서도 수상의 영예를 안았습니다.

이곳은 작은도서관이지만 큰 통유리를 통해 사계절 변화하는 아름다운 자연의 풍경을 감상하며 독서를 즐길 수 있어 도심 속의 명소로 자리 잡았습니다. 다른 도서관의 조용함은 왠지 딱딱하고 엄숙하게만 느껴지는데, 이곳의 조용함은 고즈넉하면서도 평화롭습니다. 숲속도서관에 앉아 있으면 생각까지 맑아지는 기분이 드는 것은 이 때문일 것입니다. 해마다 '책 읽는 종로 도서관 축제'가 이곳에서 열리는 것도 자연과 화합하는 인간 중심의 혁신 공간이라는 상징성을 최대한 활용한 덕분입니다.

지역문화와 정체성을 담은 특화 도서관

2

전통문화 체험 도서관
도담도담 한옥도서관

한옥형 외관의 작지만 큰 어린이 꿈터

드라마 〈시크릿 가든〉의 주인공 길라임(하지원 역)의 집, 영화 〈건축학 개론〉에서 주인공 승민(이제훈 역)과 납득이(조정석 역)가 키스에 대한 '썰'을 풀던 골목, 가수 김광석에게 음악적 영감을 준 봉제공장 거리 등은 모두 종로구 창신·숭인동 일대가 배경입니다. 이곳은 1970년대 평화시장 일대 의류 생산 공장이 이전해오면서 봉제산업 1번지로 자리매김했습니다. 그러다 보니 오랜 기간 지역 정비가 안 돼 주거시설은 노후되고 문화 인프라가 제대로 갖춰지지 못했습니다. 이에 따라 종로구는 부족한 문화 인프라를 채우고 지역 간 문화 불균형을 해소하기 위해 도서관 건립을 추진했습니다.

창신·숭인동은 다세대 주택 밀집지역이기도 합니다. 이곳의 어린이들에게 우리 전통 한옥의 멋과 아름다움을 보고 느끼고 체험하며 책을 통해 꿈을 키우는 기회를 제공하기 위해 이 지역의 도서관은 한옥으로 짓기로 결정했습니다. 2014년 2월에 개관한 '도담도담 한옥도서관'은 이렇게 탄생했습니다. 종로구 최초의 한옥 어린이 도서관이자 열세 번째 구립도서관으로 '도담도담 한옥도서관'이 개관하면서 지역별로 편차가 있던 도서관 불균형 문제까지 자연스레 해소되었습니다. '도담도담'은 어린이들이 도서관에서 꿈을 키우며 건강하게 자라는 모습을 표현한 순우리말로서 지역주민들이 직접 지었습니다.

'도담도담 한옥도서관'은 지상 1층, 연면적 $108m^2$ 규모의 한옥으로 총 17억 원의 사업예산을 들여 열람실과 서가 등을 갖

추었습니다. 기와지붕을 얹은 외관과 멍석을 깔아놓은 마당, 한지로 싼 등불이 매달려 있는 서까래 구조의 높은 천장 등이 전통 건축미를 드높이고 있습니다. 한식당으로 쓰이던 건물의 ㄷ자 구조를 살려 마당을 안쪽으로 끌어들인 디자인은 인공미를 최소화하고 주변 지형을 그대로 이용하는 전통 정원의 형식을 따랐습니다. 그러면서 남겨진 공터를 마당으로 삼아 아이들이 안과 밖을 마음대로 왔다 갔다 할 수 있도록 했습니다.

　안으로 들어가볼까요? 전통 한옥의 공간처럼 신발을 벗어
야 합니다. 들어서면 일반 도서관과는 확연히 다른 정경이 눈
에 들어옵니다. 크지 않은 외관의 작은도서관이지만 벽면을 가
득 메운 책들이 일단 방문객의 시선을 사로잡습니다. 또한 책
상과 의자로 이루어진 일반적인 도서관 스타일을 버리고 한옥
에 어울리는 좌식 테이블을 들여놓았으며 내부는 온돌방 형태
여서 앉고 싶으면 앉고, 눕고 싶으면 누워서 책을 볼 수 있습니
다. 책을 읽다가 저도 모르게 스르르 잠이 드는 것도 이곳 한옥

도서관의 묘미입니다. 원목의 질감을 그대로 살린 마루도 가정
에서 흔히 접하는 강화마루나 장판과는 촉감이나 분위기가 다
릅니다.

현대성과 대중성을 가미한 전통문화 체험공간

볕이 잘 드는 툇마루에서 다리를 늘어트리고 책을 보는 아이
들의 모습은 다른 곳에서는 쉽게 보기 힘듭니다. 편안하게 느
끼는 곳이라면 어디든지 앉거나 기대거나 누워서 자신만의 스
타일로 자유분방하게 책을 읽는 아이들의 모습은 그 자체로
다양한 미래와 서로 다른 꿈의 양태를 상징합니다.

　책은 단정한 자세로 봐야 한다고 야단치는 어른들의 모습을
여기서는 찾아볼 수 없습니다. 편안함이 주는 집중력이 독서의
즐거움을 배가시킵니다. 으리으리한 솟을대문과 추녀 끝을 추
켜올린 기와지붕, 골목길을 압도하는 담장 등으로 인해 지레
주눅이 들거나 엄숙함에 들어갈 엄두조차 내지 못하던 한옥이
이처럼 자유롭고 편안하다는 인식을 심어주는 것만도 대단히

고무적인 일입니다.

　생활공간에서 멀어진 한옥은 이제 대부분의 사람들에게 익숙한 공간이 아닙니다. 서구식 아파트와 다세대 형태로 굳어진 도시형 주택이 일반화되면서 한옥은 일부러 찾아가야 할 곳, 바깥에서 구경만 하는 관광 상품 같은 곳이기 때문입니다. 전통문화를 체험하며 자라나는 것이 자아정체성을 형성하는 데 커다란 영향을 미친다는 점을 생각하면 '도담도담 한옥도서관'의 존재 이유는 확실합니다. 한옥이 얌전히 있어야 하는 엄숙한 공간이 아니라 책과 놀이와 생활의 공간으로 인식될 때 전통문화의 지속성도 높아질 것입니다.

　'도담도담 한옥도서관'에서는 어린이들을 위한 전통문화 체험이 빈번하게 이루어집니다. 지역주민을 대상으로 진행되는 한옥 체험 캠프가 대표적인 프로그램입니다. 한옥도서관이라는 특성에 맞춰 《명심보감》이나 '사자성어'를 배우는 한문 교실과 다양한 독서 프로그램도 진행합니다. 그 외에도 한복 예절 배우기, 전통놀이 체험, 한옥 음악회 등을 운영하고 있습니다. 옛것에 익숙하지 않은 어린이들에게 우리 문화의 우수성과

소중함을 일깨워주는 좋은 배움의 장으로서 큰 역할을 하고 있는 것입니다. 전통 특화 도서관인 만큼 약 5,500여 권의 보유 도서 중 20%는 전통문화 관련 도서로 구성되어 있습니다.

어린이뿐만 아니라 지역주민들을 위한 갖가지 체험 프로그램도 운영됩니다. 토피어리나 복주머니 만들기, 시창작 교실, 영어 스토리텔링과 동화구연 교실 등 종류도 다양합니다. 재료비만 받거나 무료로 진행되는 프로그램들은 지역주민들을 불러 모읍니다. 어린이를 주 대상으로 해 만들어진 도서관이지만 어른들도 마음 편히 드나들 수 있는 동네 사랑방 같은 장소로 기능하는 셈입니다.

'도담도담 한옥도서관'은 남녀노소 모두에게 우리 문화의 우수성과 소중함을 일깨우는 공간으로 자리매김했습니다. 단순히 한옥을 리모델링한 명소가 아니라 도서관이라는 상징성과 전통문화 체험을 통해 지역의 공동체 정신을 되살렸다는 점이 '도담도담 한옥도서관'의 가장 큰 의의라 할 수 있습니다.

3

아름다운 꿈이 커가는 곳
아름꿈도서관

종로구 최초의 공공도서관이자 시청각 특화 도서관

'아름꿈도서관'은 노후된 공공청사를 리모델링하여 아이들의 꿈의 공간으로 변신시킨 사례입니다. 아름꿈도서관도 '도담도담 한옥도서관'이 있는 창신·숭인동에 만들어졌습니다. 도담도담 한옥도서관이 신설동역과 대광고등학교가 가까운 숭인동길 안쪽 주택가에 자리하는 반면 아름꿈도서관은 동묘공원과 동묘앞역 사이 동묘파출소 건물에 위치합니다. 도담도담과 아름꿈 두 도서관 사이의 직선거리는 약 600m입니다. 곧게 뻗은 길이라면 걸어서 10분이면 충분히 갈 수 있죠. 이렇게 가까운 지역 내에 2개의 도서관이 만들어진 데는 이유가 있습니다.

종로구 창신·숭인 지역은 동대문 패션 상권과 지척이어서 1,100여 개의 영세한 봉제공장이 밀집해 있습니다. 이런 탓에 문화·교육시설이 부족할 뿐만 아니라 부모들의 장시간에 걸친 맞벌이 활동으로 늦은 저녁까지 혼자 시간을 보내는 아이들이 많습니다. 종로구는 이러한 지역적 특성을 감안하여 지역 내 저소득·다문화가정 아이들에게 다양한 독서문화 프로그램을 제공해 문화 격차를 해소하고자 하였습니다. 창신·숭인동 지역은 2014년 2월 '도담도담 한옥도서관'이 건립되기 전까지 도서관이 전무한 실정이었습니다.

아름꿈도서관은 예전 숭인2동 청사가 있던 자리에 들어선 종로구의 열네 번째 구립도서관이자 종로구 최초의 공공도서관입니다. 2012년 12월 건립 계획을 수립하여 도서관 건립을 추진하던 중 기업의 사회 공헌 활동인 국민은행의 '고맙습니다 작은도서관' 공모사업에 선정되었습니다. 국민은행의 작은도

서관 사업은 청소년에게 꿈과 희망을 심어주고 지역 사회 주민들에게 이웃과 더불어 살아가는 소통의 공간을 제공하자는 취지로 2008년부터 문화체육관광부, MBC, (사)작은도서관만드는사람들과 함께 추진해오는 공익사업입니다.

이들의 후원으로 2013년 3월 민간자금 9,800만 원을 확보하였고, 2013년 10월 설계를 완료했습니다. 마침내 2014년 4월 '아름꿈'이라는 이름의 도서관으로 탄생했습니다.

아름꿈도서관은 어린이와 청소년을 대상으로 하는 시청각

지역문화와 정체성을 담은 특화 도서관

특화 도서관입니다. '아름'과 '꿈'을 모은 '아름꿈'이라는 이름
은 창신·숭인동 지역만의 특성과 청소년을 위한 시청각 도서
관의 이미지를 잘 반영하기 위해 지역 학교(어린이와 청소년)와
일반주민을 대상으로 한 선호도 조사에 의해 결정되었습니다.
어린이와 청소년의 '아름다운 꿈을 키우는 도서관'이라는 의미
를 담고 있습니다. 여기서 '아름'은 '아름답다'의 줄임말이기도
하지만 '두 팔을 둥글게 모아서 만든 둘레'라는 뜻의 우리말 명

사이기도 합니다. 그래서 '한 아름의 꿈'이라는 의미로도 해석할 수 있습니다.

아이들의 다양한 꿈을 알록달록한 외관 디자인으로 형상화한 아름꿈도서관은 지하 1층~지상 3층, 연면적 $524\,m^2$ 규모로 건립되었습니다. 2층 유아·어린이 열람실과 3층 청소년·일반 열람실, 그리고 시청각실과 프로그램실을 별도로 갖추고 영상 자료와 영상 장비, 영상 시설까지 구비하여 다방면의 정보를 습득하고 활용할 수 있도록 했습니다. 도서관에서 책과 영화를 보며 여러 독서·문화예술 프로그램을 접하도록 배려한 것입니다.

지역주민들을 위한 특별한 커뮤니티 공간

종로구는 아름꿈도서관 건립 후 어린이와 청소년뿐 아니라 지역주민들에게도 쾌적한 환경을 갖춘 커뮤니티 공간을 제공하고자 하였습니다. 유휴공간이었던 도서관 앞 광장과 옥상의 활

아름꿈도서관 옥상

용도를 높여 도서관과 연계된 지역 복합 문화공간으로서의 역할을 수행하게 한 것입니다.

2014년 8월 광장의 전문적인 설계 방향 설정 등을 위한 디자인 협의를 시작해 본격적으로 사업이 추진되었습니다. 2015년 2월에는 관련 부서와의 유기적 협조체계 구축을 통해 '도서관 앞 광장 및 문화 공간 조성 T/F팀'을 구성하여 특색 있고 완성도 높은 커뮤니티 공간을 만들 계획을 세웠습니다.

도서관 광장과 옥상 문화 공간 조성에 따른 기본 설계가 완

료됨에 따라 인근 주민, 상인 등의 의견을 청취하고자 2015년 9월에는 도서관 내 시청각실에서 주민 설명회도 개최하였습니다. 이런 과정을 거쳐 약 500㎡의 광장에는 놀이시설과 조경 공간을 조성하고, 옥상 약 180㎡ 공간에는 소규모 무대와 바닥 데크 등을 설치하여 〈옥상만화방〉, 〈워터 라이브러리〉 등을 운영하였습니다. 숭인동 지역의 문화명소가 되도록 계획하고 아이들이 재밌고 안전하게 놀 공간이 되어 창의적인 인재로 자라나길 기대하는 마음도 담겨 있습니다.

아름꿈도서관은 홀로 집에 머무는 시간이 많은 아이들을 위해 대학생 멘토링 프로그램도 지원합니다. 이는 종로문화재단과 상명대학교 교육봉사 동아리가 꾸러기방 협업을 통해 함께 합니다. 어린이 대상 문화예술 교육 프로그램으로는 문화 다양성(다문화) 이해 증진 프로그램과 생애주기별 독서문화 활성화 프로그램, 미술·원예·독서 융합 프로그램 등을 운영합니다. 또한 청소년을 대상으로 학습 멘토링 프로그램인 '멘토와 함께 꿈을 펼치다'와 스마트폰 영화제작 교육인 '아름꿈 스마트폰 무비 스쿨'도 진행하였습니다.

'아름꿈 스마트폰 무비 스쿨'은 스마트폰 영화제, 초단편영화제 등이 일반인에게도 뜨거운 호응을 얻는다는 사실에 착안해 시작한 사업입니다. 스마트폰 중독증후군을 겪는 지역 아동과 청소년이 스마트폰을 색다르게 활용해 창의력과 성취감을 높이도록 계획되었습니다.

1, 2기로 나눠 2015년 7월부터 11월까지 진행하였는데, 프로그램 참가 학생들이 제작한 초단편영화는 '책 읽는 종로 도서관 축제' 등에서 공식 상영되기도 하였습니다. 아름꿈극장에서는 '날아라 애벌레'와 같은 체험극과 인형극, 국악 뮤지컬, 마임극 등 다채로운 공연도 펼쳐집니다.

4

문향 가득한 한옥도서관
청운문학도서관

윤동주문학관과 조화를 이룬 한옥도서관

인왕산 자락의 청운지구는 윤동주문학관과 시인의 언덕, 수성동 계곡, 박노수미술관까지 이어지는 문화벨트의 중요한 축입니다. 윤동주 시인의 고향은 중국 땅 연해주이지만 연희전문학교(연세대 전신) 재학 시절 종로구 누상동에 있는 소설가 김송의 집에서 문우文友 정병욱과 함께 하숙을 했습니다. 그 시절 종종 인왕산에 올라 자연 속에서 시심을 다듬었다고 전해집니다. 지금도 사랑받고 있는 〈별 헤는 밤〉, 〈자화상〉, 〈또 다른 고향〉 등은 이 시기에 탄생한 그의 대표작들입니다. 시인은 떠나고 없지만, 그의 발자취와 세상을 향한 시선을 기억하고자 2012년 윤동주문학관이 문을 열었습니다.

윤동주문학관은 인왕산 자락에 버려져 있던 청운수도가압장과 물탱크가 의미 있게 변모한 곳이기도 합니다. 지대가 높아 수돗물이 잘 나오지 않는 청운아파트를 배려해 만들었던 수도가압장이 아파트 철거와 함께 쓸모를 잃고 긴 시간 방치되자 이를 리모델링해 '영혼의 가압장, 윤동주문학관'으로 되살린 것입니다.

이처럼 낡고 오래된 것들을 무조건 없애버리기보다 한 번 더 살펴보고 되살리는 법을 고민하는 종로구의 도시재생 노력은 문학관 아래 청운공원으로 이어졌습니다. 그곳에는 처음 보는 순간 청년 윤동주의 숨결이 느껴질 듯한 맑고 드높은 기운의 도서관 하나가 자리하고 있습니다.

2014년 11월, 종로구의 열다섯 번째 도서관이자 종로구 최

초 한옥 공공도서관으로 탄생한 청운문학도서관입니다. 청운
지구가 가진 지리적 조건과 문화적 정통성까지 고려하여 건립
한 청운문학도서관 자리에는 원래 청운공원 관리사무소로 사
용하던 낡은 2층짜리 양옥 건물이 있었습니다. 종로구는 이곳
에 문학 전문 도서관을 만들 계획을 세웠습니다.

  시인 윤동주의 문학세계를 기리는 기념관과 시인의 언덕을
지나 우리 문학을 전문적으로 소개하는 도서관에서 문학의 향

기를 맡고, 옛 선비들이 탁족을 하며 시문을 주고받던 수성동 계곡을 거쳐, 우리 화단의 별 박노수 화백의 미술세계를 접하는 코스를 만들어 구민들이 문학과 미술, 자연이 함께 어우러지는 풍류를 누리게 하고 싶었던 것입니다.

문학도서관은 다른 지역에도 있기 때문에 종로구는 차별화된 색다른 도서관을 만들고 싶었습니다. 문학이라는 장르만을 다루되 그 분야를 '한국문학'으로 더욱 집약시켰습니다. 우리의 시, 소설, 수필 등을 전문적으로 취급하는 도서관을 지향한 것입니다. 문학은 그 나라의 언어로 쓰인 민족의 정신이자 영혼이며, 우리의 정신과 영혼은 우리의 육체에 담아야 한다고 보았습니다. 그래서 도서관도 우리 민족 삶의 정수가 담긴 한옥으로 짓게 되었습니다. 인왕산의 아름다운 능선과 사계절 변화하는 자연풍광은 한옥의 이미지와도 잘 어울렸습니다. 윤동주문학관이 가진 현대적이고 절제된 이미지와 대비되면서도 절묘한 대구를 이루는 건축물이 필요했기에 더더욱 한옥도서관이 제격이라고 판단했습니다.

한옥 부자재를 재활용한 도시재생 성공사례

종로구는 인왕산의 자연환경을 해치지 않으면서 주변 환경과
조화를 이루는 전통 한옥도서관을 건립하기 위한 건축 계획을
수립하였습니다. 한옥도서관을 통해 많은 사람들이 자연과 어
우러지는 한옥의 아름다움을 느끼고, 우리 문화에 대한 자긍심
을 키우는 계기가 되었으면 하는 바람이었습니다. 하지만 한

옥은 건축 특성상 공용건물이 되기에 부적합한 요소들을 가지고 있습니다. 천장과 방의 면적, 신발을 벗고 들어가야 하는 좌식구조, 냉난방 문제의 비효율성 등이 그것입니다. 특히 사각형으로 구획을 지은 네모반듯한 건물과 비교해 공간 활용도가 떨어지는 것도 사실입니다.

이런 부분에서는 과감하게 현실적인 면을 받아들여 공간 활

용성과 이용자의 편의성을 높이는 방향으로 개선했습니다. 언덕을 활용해 짓다 보니 위쪽에서 내려다볼 때는 한옥만 보이지만, 아래에서 보면 현대식 건물 위에 한옥이 올라앉은 2층 구조입니다. 한옥이 가진 단점을 극복하기 위해 전면부에서는 1층으로 보이지만 건축상 지하 1층으로 구분되는 공간은 현대식 구조로 설계해 실용성을 강화했습니다. 지상 1층 한옥 부분은 한옥이 가지는 아름다움과 장점들을 최대한 활용하도록 하였습니다.

그렇게 해 지하 1층에는 책을 보관하고 열람하는 열람실과 어린이 열람실, 다목적실을 배치하고, 지상 1층에는 문학인을 위한 창작실, 세미나실 등을 조성했습니다. 현대적 편리성과 한옥의 미가 조화롭게 공존하는 건물을 완성한 것입니다.

지하 1층도 무조건 서구적이고 도회적인 이미지를 풍기는 것은 아닙니다. 중정처럼 꾸민 중심공간에는 대숲을 조성해 현대식 열람실에서 내다보면 푸른 대숲이 눈에 들어오도록 구성했습니다. 한옥 그대로의 운치를 유감없이 발휘하는 지상 1층에도 자연을 끌어들여 서정적인 공간으로 만들었습니다. 수성동 계곡을 연결한다는 콘셉트로 계단식 폭포와 연못을 만들어 조용하고 정숙해야 한다는 도서관의 고정관념을 깨고 자연 속에 들어선 도서관답게 자연의 소리를 더 풍부하게 끌어들인 것입니다.

유명인들이 녹음한 시 낭송 음반을 들을 수 있는 정자도 만들었습니다. 열어젖힌 장지문으로 청신한 바람을 느끼고 풀꽃 향기를 맡으며 자연을 벗 삼아 시문을 즐기던 옛 선인들의 풍

류를 느껴보라는 배려입니다.

청운문학도서관에서 또 하나 주목할 부분은 한옥 부자재입니다. 한옥 지붕은 숭례문 지붕 복원에 사용한 기와와 같이, 가마에서 구운 전통 방식으로 제작되어 색감이 자연스럽습니다. 담장(꽃담) 위에 얹은 기와는 돈의문 뉴타운 지역에서 철거된 한옥에서 3,000여 장을 가져와 사용하였습니다. 지붕의 기와들이 우리 전통 건축 공법을 증명한다면 담장의 기와들은 질곡의 역사를 살아낸 민초들의 이야기를 담고 있습니다. 돈의문 뉴타운 지역에서 가져온 기와가 덮인 담장이 전통공법으로 구

운 기와를 얹은 한옥건물을 단단히 감싼 모습은 마치 우리 역사를 압축해 보여주는 듯합니다.

문인, 학자, 시민의 소통공간이자 인문학 허브

지하 1층·지상 1층, 연면적 745㎡ 규모의 청운문학도서관은 문학 특화 공공도서관답게 2만 2,000여 권의 장서 중 85%가 문학 서적입니다. 윤동주문학관 등과 연계한 다양한 프로그램과 문학 유산 콘텐츠를 만들어 문학 인프라의 중심으로 키워나가기 위해 각종 독서모임과 창작활동 공간을 제공합니다. 국내 문학작품과 작가 중심의 기획 전시와 인문학 강연, 시 창작교실도 운영합니다. 뿐만 아니라 문인들의 모임 지원, 특강, 심포지엄, 문학 콘서트 등을 통해 문인과 학자, 시민의 소통장소로도 이용됩니다.

이에 따라 청운문학도서관은 문학과 관련된 다양한 문화를 만나는 문학 특화 공간이자 종로구의 인문학 허브 역할까지 수행하고 있습니다.

또한 누정樓亭과 열람실에 시 낭송 감상실과 시 항아리를 설치해 '마음에 시詩 한 편, 시 읽기 캠페인'을 전개합니다. 이 캠페인은 도서관 방문객에게 시가 주는 위로를 통해 잠시나마 도시생활의 분주함에서 벗어나 힐링의 여유를 가져보라는 의미로 시작되었습니다. 한옥도서관에 어울리는 '조선시대 미술문화'와 '열하일기 완독 강좌', 종로 곳곳에 대한 장소의 의미를 공부하고 직접 현장을 찾아 그 숨결을 느껴보는 '길 위의 인문학' 등 장년층을 위한 인문학 강좌 역시 다양하게 진행됩니다. 더불어 전통 문화를 체험할 수 있는 '청운까치서당', '아빠와 함께하는 1박 2일 독서캠프' 등 어린이를 위한 문화 체험 프로그램까지 운영합니다.

청운문학도서관은 곳곳에 전통 건축의 아름다움을 담아 국토교통부가 주최한 '2015 대한민국 한옥 공모전'에서 '대상'을 받았습니다. 공공 건축물로서 한옥과 양옥을 자연스럽게 결합시켜 주변 환경과 조화를 이뤄낸 청운문학도서관은 한옥의 다양한 확장 가능성을 보여주었다는 데 큰 의의가 있습니다. 청운문학도서관의 건립은 청운 지구가 문학 인프라의 중심거점으로 자리매김하는 효과를 가져왔습니다. 윤동주문학관과 조화를 이루며 문학을 테마로 생활 밀착형 문화 콘텐츠를 제공하는 복합 문화공간으로서, 청운문학도서관은 종로구 대표 도서관으로 인식되고 있습니다.

| 5 |

오감으로 느끼는 국악의 멋
우리소리도서관

국악의 성지, 국악로에 위치한 국악 도서관

국악은 우리나라 고유의 음악이자 우리 민족의 역사와 이야기, 삶의 애환을 담은 음악입니다. 하지만 현재는 서양 고전음악인 클래식보다 더 낯설게 느끼는 사람이 많은 게 사실입니다. 전통을 낡은 것, 오래된 것, 고리타분한 것이라고 느끼는 편견과 선입견이 개입된 결과입니다. 국악은 공연장이나 관련 교육기관에서나 들을 수 있는 음악이라는 인식이 일반적인 상황에서 종로구는 국악에 대한 접근성을 높이고 국악의 매력을 널리 알리기 위해 국악 특화 도서관인 우리소리도서관을 개관하였습니다. 낯설지만 자주 접하면서 그 실체를 알아가다 보면 누구라도 국악의 가치와 매력에 흠뻑 빠지게 될 것이라는 믿음으로 추진한 사업이었습니다.

종묘와 운현궁 사이, 창덕궁 정문과 종로3가 사이에 위치한 익선동은 국악계의 명인, 국악 관련 단체와 기관들이 모인 국악의 명소이자 우리 소리의 중심지입니다. 이곳은 조선성악연구회, 왕립음악기관의 후신인 이왕직아악부, 국립국악원 등이 자리했던 곳입니다. 국악예술학교 등 국악과 관련된 단체와 기관들이 활동기반을 닦은 곳으로 돈화문국악당, 사단법인 한국국악협회, 국악기와 의상을 판매하는 관련 상가 등이 분포되어 있습니다.

지금도 국악 명인, 명창들의 자택과 전수소 등이 이 일대에 모여 있어 '국악로'로도 불립니다.

고궁과 전통음악의 향기가 현대적인 건물 사이에서 존재감을 자랑하는 이런 곳에 우리의 소리를 대중들에게 알리고 그 가치를 깨닫게 할 시설 하나쯤은 있어야 한다고 종로구는 생각했습니다.

이렇게 계획된 종로구의 열여섯 번째 도서관이 바로 '우리소리도서관'입니다. 2017년 12월 개관하기까지 국립국악원, 국립무형유산원, 국악방송, 한국국악협회, 국악음반박물관 등 관련 기관에서 도서와 음원 등 자료를 기증 받고, 전문가들의 자문과 관리를 통해 국악 대중화를 위한 음원 감상 시스템을 구축했습니다.

'우리소리도서관'은 종로1·2·3·4가 동청사 4~5층에 연면적 588㎡ 규모로 만들어졌습니다. 종로1·2·3·4가 동청사가 신축 개관하면서 도서관도 함께 문을 연 것입니다.

탑골공원 옆에 있던 기존 동청사는 지은 지 40년이 지난 노후 건물이어서 비좁고 낡아 동주민센터를 찾는 인근 주민과 이용객들의 불편과 제약이 많았습니다. 이에 종로구가 건립비 78억 원을 들여 2013년 부지 매입을 시작으로 2015년 12월 착공하여 2년여 만에 완공한 것입니다.

　신청사는 연면적 1,981㎡ 규모로 지하 1층~지상 5층 건물입니다. 주민 체력단련실(지하 1층), 민원실(지상 1층), 지역 사회의 다양한 문화·복지 욕구를 실현하기 위한 문화 프로그램실과 강당(지상 2~3층) 등으로 되어 있습니다.

지역문화와 정체성을 담은 특화 도서관

국악 음원 검색 시스템을 갖춘 '듣는 도서관'

동청사와 분리 운영되는 우리소리도서관은 약 2,500여 권의 도서와 7,000여 점이 넘는 비도서를 보유하고 있습니다. 전체 도서의 40%가 국악 관련 서적이며, 비도서로 CD와 LP, 음원 파일 등 음악 관련 자료도 배치했습니다.

4층에는 국악의 과거와 현재를 돌아볼 수 있는 전시실과 프로그램실이 자리합니다. 전시실에서는 개관 기념으로 익선동

과 창덕궁 돈화문에서 종로3가역까지 이어지는 '국악로'의 역
사를 살펴볼 수 있는 '국악로와 우리소리도서관' 전시전을 선
보이며 의미 있는 출발을 알렸습니다. 국악계의 명인·명창들
과 국악 관련 단체·기관들이 집중되어 있는 우리소리의 중심
지, 국악로의 과거와 현재를 돌아보면서 이곳에 들어선 도서관
의 의미를 되새겨볼 수 있었습니다. 프로그램실에서는 국악 관
련 교육과 강연이 자주 이루어집니다.

5층에는 국악 감상실과 국악 관련 도서를 읽을 수 있는 열람실이 있습니다. 우리소리도서관의 핵심은 국악 감상실입니다. 판소리와 민요, 연주, 가야금 병창 등을 들을 수 있도록 다양한 국악 LP와 CD, 자체 국악 음원 검색 시스템을 갖춰 거의 모든 종류의 국악을 생생하게 즐길 수 있는 '듣는 도서관'이기 때문입니다. 소장된 6,650여 곡의 국악 음원을 디지털 장비를 통해 감상할 수 있습니다.

열람실과 연결되어 있는 야외에는 국악과 관련된 공연이 펼쳐지는 공연장이 마련되어 있습니다. 지역주민을 위한 문화 누림 공간으로 활용되도록 무대와 관객석이 설치되어 있습니다. 수시로 기획전시와 옥상 야외공연을 열어 주민들에게 우리 문화 향유와 우리소리의 아름다움에 젖어들 기회를 제공합니다.

우리소리도서관은 국악 강좌와 청음시설을 통해 국악에 대한 관심을 높이는 데 이바지하고 있습니다. 국악 인문학 강좌, 전통악기 교실, 국악예술학교, 여성국극 시민 예술가 과정 등을 운영하며, 신진 국악인들이 함께하는 공연 프로그램을 정례화하여 국악의 전승과 대중화에 앞장서고 있습니다.

특히 신진국악인이 참여하는 국악 콘서트 '신판 놀희戱', 방학 프로그램 '국악예술학교' 등의 프로그램은 지역주민들과 함께하며 사라져가는 국악의 과거와 현재, 미래를 잇는 예술의 가교가 되기도 했습니다.

600년 수도 서울의 중심지로 군림해온 종로의 정체성과 우리의 전통음악을 향유하고 전파하는 특성화 공간이자 복합 문화공간으로 우뚝 선 우리소리도서관은 국악 홍보관의 역할까지 수행합니다.

민족의 얼과 숨결을 담은
어린이청소년 국학도서관

문화 정체성의 나침반이 되는 국학

21세기에 들어서면서 한류韓流가 세계적인 선풍을 일으키고 있습니다. BTS(방탄소년단)가 미국 빌보드차트 1위에 오르고, 봉준호 감독의 영화 '기생충'이 칸 영화제와 미국의 아카데미 시상식을 휩쓸고, K-드라마가 세계인의 안방극장을 장악하며 K-뷰티가 세계인의 미용법으로 각광받고 있습니다.

이와 더불어 국제 학술계도 한국학에 주목하고 있습니다. 비

약적인 경제성장과 한류 열기에 힘입어 중국학과 일본학 못지
않게 한국학에 대한 관심이 높아졌습니다. 드라마, 대중가요
등 표피적인 관심에 머물던 한국문화에 대한 외국인들의 호기
심이 점차 확대되면서 한류의 바탕에 어떤 정신 가치가 숨어
있는지 궁금증을 갖게 된 것입니다.

어느 시대, 어느 나라든 시대가 요구하는 정신 가치에 민감
하고 새로운 창조적 흐름을 만들어낸 민족과 나라가 세계사의
주인공이 되었습니다. 세계의 강국들은 모두 자국의 문화 전통
에서 성장의 핵심동력을 찾습니다.

그들의 가장 큰 자산은 자신들의 문화와 정신 전통을 사랑하
는 국민의 높은 문화 의식과 자긍심입니다. 경제 가치와 정치
이념도 중요하지만 이를 만들고 끌어가는 주인공은 사람입니
다. 인간다운 삶이 무엇이고, 어떻게 해야 잘사는 것인지, 어떤
사회를 만들어야 하는지에 대한 근본적인 성찰은 그 사회의
문화 수준과 삶의 질을 결정하고 새로운 미래를 개척하는 원
동력이 됩니다.

강대국과 약소국의 차이는 이런 성찰이 이뤄지는지 아닌지에 달렸다 해도 과언이 아닙니다. 강대국은 다른 나라에 사상과 문화의 영향력을 발휘하지만, 약소국은 다른 나라에서 사상과 문화를 공급받는다는 것이 역사의 가르침입니다. 서구의 물질문명에 주눅 들지 않고 서구 콤플렉스에서 해방되기 위해서는 우리 문화의 뿌리와 근원을 찾아 이를 현대적으로 재해석해 미래로 가는 나침반으로 삼아야 합니다.

이것이 우리 시대가 국학을 필요로 하는 이유입니다. 국학은 단순한 역사적 사실의 복고가 아닙니다. 우리의 것을 오늘의 현실에 맞도록 새롭게 만들어가자는 의지와 행동입니다. 기술이 발달하고 사회변화가 가속화될수록 국학이 우리 사회의 중심철학이 되어야 합니다.

교육, 역사, 전통문화의 라키비움 역할

종로구가 대한민국 최초로 어린이청소년 국학도서관을 만들게 된 배경도 여기에 있습니다. 우리나라 고유의 문학, 역사,

지역문화와 정체성을 담은 특화 도서관

철학, 예술, 풍속 등을 일컫는 '국학'을 통해 자라나는 어린이와 청소년들에게 올바른 역사 의식과 한국인의 자주정신을 심어주고자 했습니다. 나아가 지역민이 관심사를 공유하며 이야기를 나누는 공동체적 복합 문화공간으로 자리매김하기를 바라는 마음도 담았습니다. 지역주민들이 함께하는 공동체 문화는 '홍익弘益정신'의 발현입니다. 전쟁이나 홍수 등 재난 상황에서 큰 힘을 발휘한 공동체 문화의 집단정서는 국가와 국민이 궁극적으로 지향해야 할 공통의 가치입니다. 이것이 홍익정신이자 국학의 뿌리입니다.

종로구의 열일곱 번째 도서관인 어린이청소년 국학도서관은 2018년 12월 명륜동에 문을 열었습니다. 명륜동은 조선시대에 인재 양성을 위하여 설치한 오늘날의 국립대학교와 같은 교육기관인 성균관이 위치한 곳입니다. 그래서 이곳의 교육적·지리적 상징성을 반영하여 우리 고유의 언어, 역사, 예술, 신앙, 제도, 풍속, 철학 등을 어린이와 청소년의 눈높이에 맞춘 국학 특화 도서관을 개관하게 된 것입니다.

도서관이 위치한 건물은 '와룡공영주차장 및 문화센터'입니

다. 지하 2층~지상 3층은 주차시설, 4층에는 스포츠센터, 5층에는 국학도서관, 옥상에는 야외열람실과 휴게공간이 조성돼 있습니다.

와룡문화센터 5층에 자리 잡은 어린이청소년 국학도서관은 교육과 역사, 전통문화의 라키비움으로 조성되었습니다. 라키비움Larchiveum이란 도서관Library과 기록관Archives, 박물관Museum의 영문을 합성한 말로 이 세 가지 기능을 종합적으로 수행하는 복합 문화공간을 의미합니다. 어린이청소년 국학도서관은 국학 특화 도서관으로서의 역할을 수행할 뿐만 아니라 지역의 전통문화 콘텐츠 수집과 활용을 통해 지역 아카이브를 구축합니다. 또한 관내 우수한 문화자원을 연계시킨 콘텐츠 발굴과 함께 역사 관련 원전자료 확보, 디지털 자료를 활용한 정보 서비스 등의 일을 합니다.

첨단 ICT 기술을 접목한 스마트 도서관

종로구는 2013년 6월 공영주차장과 국학도서관 건립 계획을 처음 수립했고, 2017년 3월 문화체육관광부의 어린이청소년 도서관 조성 지원 사업에 선정돼 국비 10억 원, 시비 5억 원을 지원받으며 실행이 가속화되었습니다. 처음부터 충분한 준비 기간을 갖고 제대로 조성해야 한다는 의지에 따라 개관을 미루고 양질의 국학 관련 자료를 추가로 갖추었습니다. 이를 위해 한국학중앙연구원, 한국국학진흥원, 도올 김용옥 교수 등 여러 기관과 전문가들의 자문을 받았습니다.

총면적 $512\,m^2$의 도서관에는 일반도서 2,100여 권을 비롯해

《보학譜學》,《예학禮學》,《역서易書》등 기증과 수집을 통해 입수
한 국학 도서 2,400여 권이 구비되어 있으며, 80석의 열람석을
갖추고 있습니다.

어린이청소년 국학도서관은 동서양을 넘나드는 학문적 탐구
로 명망이 높은 도올 김용옥 교수가 도서관 현판 글씨를 직접
써서 그 의미를 더했습니다. 일반 도서관과는 달리 세미나 등
토론공간을 전면에 배치하고, 서가를 후면에 배치해 이용자 모
두에게 자유로운 소통의 기회를 제공합니다. 이를 통해 지역주
민들이 서로 만나는 공동체 문화 조성에도 힘쓰고 있습니다.

또한 단군조선부터 삼국, 고려, 조선 시대에 이르는 시대별

대표 콘텐츠 중심의 자료를 어린이와 청소년의 눈높이에 맞게 수준별로 구성해놓았습니다. 이는 어린이·청소년의 숨겨진 역량과 잠재력을 키우고, 역사 교육과 대화의 장으로서 기능하도록 유도하기 위함입니다.

어린이청소년 국학도서관은 첨단 ICT(정보통신기술)를 접목한 미디어 기기를 통해 전통문화에 대한 이해를 높이고 있습니다. 이는 제4차 산업혁명 등 변화하는 트렌드에 대비할 수 있는 공간이 되기도 합니다. 역사 관련 영상 콘텐츠와 힐링 영상을 관람할 수 있는 '미디어 월', 어린이 학습용 정기간행물을 열람할 수 있는 '전자신문', 책의 위치 표시 등을 제공하는 '스마트 서가', 역사와 문학 등의 콘텐츠를 알려주는 '스마트테이블', 들려주는 책 서비스인 '오디오북' 등 흥미를 유발하는 다양한 미디어 기기 활용 프로그램을 체험할 수 있습니다.

다양한 ICT 기술을 통한 도서관 서비스 운영은 '최신 도서관 동향'의 우수 사례로 선정되어 전국 단위 도서관 운영자들의 벤치마킹 대상이 되고 있습니다.